Putting on *YOUR PJS* after a

* * * * * * * * * * *

LONG DAY

* * * * * * * * * * *

* * * * * *Today's* * * * * *

3 MOMENTS OF JOY

1. _____

_____

_____

2. _____

_____

_____

3. _____

_____

_____

* * * * * * __/__/___ * * * * *

*• * • * Today's *• * • *
3 MOMENTS OF JOY

1. _____

_____

_____

2. _____

_____

_____

3. _____

_____

_____

*• * • * __ / __ / __ *• * • *

*•••• *Today's* ••••*

3 MOMENTS OF JOY

1. _____

_____

_____

2. _____

_____

_____

3. _____

_____

_____

* * * * * __ / __ / ___ * * * * *

NEW
BANGS
NO
REGRETS

•••• Today's ••••
3 MOMENTS OF JOY

1. _____

   _____

   _____

2. _____

   _____

   _____

3. _____

   _____

   _____

••••• __ / __ / ___ *•••••*

Today's

3 MOMENTS OF JOY

1. _____

_____

_____

2. _____

_____

_____

3. _____

_____

_____

_ / _ / _

* * * * *Today's* * * * *

3 MOMENTS OF JOY

1. _____

_____

_____

2. _____

_____

_____

3. _____

_____

_____

* * * * * __/__/___ * * * * *

··· Today's *···*
3 MOMENTS OF JOY

1. _____

_____

_____

2. _____

_____

_____

3. _____

_____

_____

* * * * * __/__/___ * * * *

Today's
3 MOMENTS OF JOY

1. _____

_____

_____

2. _____

_____

_____

3. _____

_____

_____

* * * * * __/__/__ * * * *

PEELING AN ORANGE IN ONE CONTINUOUS STRIP

• • • • *Today's* • • • •

3 MOMENTS OF JOY

1. _____

_____

_____

2. _____

_____

_____

3. _____

_____

_____

* * * * * _ / _ / _ * * * * *

· · · · *Today's* · · · ·
3 MOMENTS OF JOY

1. _____
_____
_____

2. _____
_____
_____

3. _____
_____
_____

* * * * * _ / _ / _ _ * * * * *

Today's

3 MOMENTS OF JOY

1. _____

_____

_____

2. _____

_____

_____

3. _____

_____

_____

_ / _ / _

* * * * * *Today's* * * * * *

3 MOMENTS OF JOY

1. _____

_____

_____

2. _____

_____

_____

3. _____

_____

_____

* * * * * __ / __ / __ * * * * *

Today's
3 MOMENTS OF JOY

1. _____

   _____

   _____

2. _____

   _____

   _____

3. _____

   _____

   _____

* * * * * ___ / ___ / ___ * * * * *

* * * * * *Today's* * * * *

3 MOMENTS OF JOY

1. _____

_____

_____

2. _____

_____

_____

3. _____

_____

_____

* * * * * __ / __ / __ * * * * *

Today's

3 MOMENTS OF JOY

1. _____

_____

_____

2. _____

_____

_____

3. _____

_____

_____

_ / _ / _

Laughing
UNTIL YOU
CRY

*••• Today's *•••*
3 MOMENTS OF JOY

1. _____

_____

_____

2. _____

_____

_____

3. _____

_____

_____

* * * * * __ / __ / __ * * * * *

・・・ Today's *・・・*
3 MOMENTS OF JOY

1. _____

_____

_____

2. _____

_____

_____

3. _____

_____

_____

* * * * * __/__/___ * * * * *

···· *Today's* ····
3 MOMENTS OF JOY

1. _____

_____

_____

2. _____

_____

_____

3. _____

_____

_____

❋ ❋ ❋ ❋ ❋ __ / __ / ___ ❋ ❋ ❋ ❋ ❋

Today's
3 MOMENTS OF JOY

1. _____

_____

_____

2. _____

_____

_____

3. _____

_____

_____

_ / _ / _

***** Today's *****

3 MOMENTS OF JOY

1. _____

_____

_____

2. _____

_____

_____

3. _____

_____

_____

***** __/__/___ *****

• • • • Today's *• • • •*
3 MOMENTS OF JOY

1. _____

_____

_____

2. _____

_____

_____

3. _____

_____

_____

• • • • • _ / _ / _ *• • • • •*

* * * * * *Today's* * * * * *

3 MOMENTS OF JOY

1. _____

_____

_____

2. _____

_____

_____

3. _____

_____

_____

* * * * * __ / __ / ___ * * * *

***** *Today's* *****
# 3 MOMENTS OF JOY

1. _____

_____

_____

2. _____

_____

_____

3. _____

_____

_____

***** _ / _ / _ *****

··* Today's *·*·*
3 MOMENTS OF JOY

1. _____

   _____

   _____

2. _____

   _____

   _____

3. _____

   _____

   _____

··*·* __/__/____ *·*·*·*

••* Today's *•*•*
3 MOMENTS OF JOY

1. _____

_____

_____

2. _____

_____

_____

3. _____

_____

_____

••* __ / __ / ___ *•*•*

*· · · *· * Today's *· *· · · *
3 MOMENTS OF JOY

1. _____

_____

_____

2. _____

_____

_____

3. _____

_____

_____

* * * * * __ / __ / ____ * * * *

ABSOLUTELY

Killing It

AT

KARAOKE

THE
10 Bravest Things
I'VE EVER DONE

1. _____

2. _____

3. _____

4. _____

5. _____

6. _____

7. _____

8. _____

9. _____

10 _____

Today's

3 MOMENTS OF JOY

1. _____

_____

_____

2. _____

_____

_____

3. _____

_____

_____

_ / _ / _

Today's
3 MOMENTS OF JOY

1. _____

_____

_____

2. _____

_____

_____

3. _____

_____

_____

___ / ___ / ___

***** Today's *****

3 MOMENTS OF JOY

1. _____

_____

_____

2. _____

_____

_____

3. _____

_____

_____

***** __/__/___ *****

⋯⋯ Today's *⋯⋯*
3 MOMENTS OF JOY

1. _____

_____

_____

2. _____

_____

_____

3. _____

_____

_____

⋯⋯ __ / __ / __ *⋯⋯*

Today's
3 MOMENTS OF JOY

1. _____
_____
_____

2. _____
_____
_____

3. _____
_____
_____

__ / __ / ___

Today's
3 MOMENTS OF JOY

1. _____

_____

_____

2. _____

_____

_____

3. _____

_____

_____

__ / __ / __

••* Today's *•*•*
3 MOMENTS OF JOY

1. _____

_____

_____

2. _____

_____

_____

3. _____

_____

_____

••* __/__/___ *•*•*

Making EYE CONTACT with a HOT STRANGER

* * * * Today's * * * *

3 MOMENTS OF JOY

1. _____

_____

_____

2. _____

_____

_____

3. _____

_____

_____

* * * * * _ / _ / ___ * * * * *

Today's
3 MOMENTS OF JOY

1. _____

_____

_____

2. _____

_____

_____

3. _____

_____

_____

* * * * * __/__/__ * * * *

***** Today's *****
3 MOMENTS OF JOY

1. _____

   _____

   _____

2. _____

   _____

   _____

3. _____

   _____

   _____

* * * * * __/__/___ * * * * *

Today's
3 MOMENTS OF JOY

1. _____

_____

_____

2. _____

_____

_____

3. _____

_____

_____

***** __/__/___ *****

・・・ Today's *・・・*
3 MOMENTS OF JOY

1. _____
   _____
   _____

2. _____
   _____
   _____

3. _____
   _____
   _____

・・・ __ / __ / __ *・・・*

Crossing the LAST ITEM off your To-Do List

* * * * * *Today's* * * * * *
3 MOMENTS OF JOY

1. _____

_____

_____

2. _____

_____

_____

3. _____

_____

_____

* * * * * __/__/___ * * * * *

···· Today's ····
3 MOMENTS OF JOY

1. _____

_____

_____

2. _____

_____

_____

3. _____

_____

_____

***** _ / _ / _ *****

* * * * _Today's_ * * * *

3 MOMENTS OF JOY

1. _____

_____

_____

2. _____

_____

_____

3. _____

_____

_____

* * * * * __ / __ / ___ * * * * *

• • • • *Today's* *• • • •*

3 MOMENTS OF JOY

1. _____

_____

_____

2. _____

_____

_____

3. _____

_____

_____

• • • • • __/__/___ *• • • •*

···· Today's ····

3 MOMENTS OF JOY

1. _____

_____

_____

2. _____

_____

_____

3. _____

_____

_____

***** __/__/__ *****

• • • • Today's • • • •

3 MOMENTS OF JOY

1. _____

_____

_____

2. _____

_____

_____

3. _____

_____

_____

* * * * * __/__/___ * * * * *

···· Today's ····

3 MOMENTS OF JOY

1. _____

_____

_____

2. _____

_____

_____

3. _____

_____

_____

***** __/__/__ *****

THE SCENT OF SCENT OF BLOWN-OUT BIRTHDAY CANDLES

***** *Today's* *****
# 3 MOMENTS OF JOY

1. _____

_____

_____

2. _____

_____

_____

3. _____

_____

_____

***** __ / __ / ___ *****

* * * * _Today's_ * * * *

3 MOMENTS OF JOY

1. _____

_____

_____

2. _____

_____

_____

3. _____

_____

_____

* * * * * __ / __ / ___ * * * * *

···· *Today's* ····
3 MOMENTS OF JOY

1. _____

_____

_____

2. _____

_____

_____

3. _____

_____

_____

* * * * * __/__/___ * * * * *

***** Today's *****

3 MOMENTS OF JOY

1. _____

_____

_____

2. _____

_____

_____

3. _____

_____

_____

***** __/__/___ *****

• • • • Today's • • • •
3 MOMENTS OF JOY

1. _____

_____

_____

2. _____

_____

_____

3. _____

_____

_____

* * * * * __/__/___ * * * * *

***** *Today's* *****

3 MOMENTS OF JOY

1. _____
_____
_____

2. _____
_____
_____

3. _____
_____
_____

***** _ / _ / _ *****

····· *Today's* ·····
3 MOMENTS OF JOY

1. _____
_____
_____

2. _____
_____
_____

3. _____
_____
_____

***** __/__/___ *****

···· *Today's* ····

3 MOMENTS OF JOY

1. _____

_____

_____

2. _____

_____

_____

3. _____

_____

_____

* * * * * _ / _ / _ * * * * *

* * * * * *Today's* * * * * *

3 MOMENTS OF JOY

1. _____

_____

_____

2. _____

_____

_____

3. _____

_____

_____

* * * * * * __ / __ / ___ * * * * *

···· *Today's* ····

3 MOMENTS OF JOY

1. _____

_____

_____

2. _____

_____

_____

3. _____

_____

_____

* * * * * __/__/__ * * * *

· · · · Today's · · · ·

3 MOMENTS OF JOY

1. _____

_____

_____

2. _____

_____

_____

3. _____

_____

_____

· · · · · __/__/___ · · · · ·

When a NEW SEASON of your FAVORITE SHOW is available for streaming

My Top 10 Shows
TO BINGE-WATCH

1. _____

2. _____

3. _____

4. _____

5. _____

6. _____

7. _____

8. _____

9. _____

10. _____

···· Today's ····
3 MOMENTS OF JOY

1. _____

_____

_____

2. _____

_____

_____

3. _____

_____

_____

* * * * * _ / _ / _ _ * * * * *

* * * * Today's * * * *

3 MOMENTS OF JOY

1. _____

_____

_____

2. _____

_____

_____

3. _____

_____

_____

* * * * * __ / __ / __ * * * *

***** *Today's* *****
# 3 MOMENTS OF JOY

1. _____
_____
_____

2. _____
_____
_____

3. _____
_____
_____

***** __/__/___ *****

* * * * *Today's* * * * *

3 MOMENTS OF JOY

1. _____

_____

_____

2. _____

_____

_____

3. _____

_____

_____

* * * * * __ / __ / ____ * * * * *

••• Today's *•••*

3 MOMENTS OF JOY

1. _____

_____

_____

2. _____

_____

_____

3. _____

_____

_____

••• __ / __ / ___ *•••*

••* Today's *•*•*
3 MOMENTS OF JOY

1. _____

_____

_____

2. _____

_____

_____

3. _____

_____

_____

••*•* __/__/__ *•*•*

••• *Today's* *•••*

3 MOMENTS OF JOY

1. _____

   _____

   _____

2. _____

   _____

   _____

3. _____

   _____

   _____

•••• __/__/___ ••••

Free
Refills!

* * * * *Today's* * * * *

3 MOMENTS OF JOY

1. _____

_____

_____

2. _____

_____

_____

3. _____

_____

_____

* * * * * * __ / __ / ___ * * * * *

Today's

3 MOMENTS OF JOY

1. _____

_____

_____

2. _____

_____

_____

3. _____

_____

_____

__ / __ / __

···· *Today's* ····

3 MOMENTS OF JOY

1. _____
_____
_____

2. _____
_____
_____

3. _____
_____
_____

❋ ❋ ❋ ❋ ❋ __ / __ / ___ ❋ ❋ ❋ ❋ ❋

* * * * Today's * * * *
3 MOMENTS OF JOY

1. _____
   _____
   _____

2. _____
   _____
   _____

3. _____
   _____
   _____

* * * * * __/__/___ * * * * *

*•••• Today's *•••*
3 MOMENTS OF JOY

1. _____

_____

_____

2. _____

_____

_____

3. _____

_____

_____

***** __/__/___ *****

FINISHING A

CROSSWORD

PUZZLE

·WITH·

NO HELP

***** *Today's* *****
# 3 MOMENTS OF JOY

1. _____

_____

_____

2. _____

_____

_____

3. _____

_____

_____

***** __/__/___ *****

Today's
3 MOMENTS OF JOY

1. _____
_____
_____

2. _____
_____
_____

3. _____
_____
_____

* * * * * __/__/___ * * * *

* * * * Today's * * * *

3 MOMENTS OF JOY

1. _____

_____

_____

2. _____

_____

_____

3. _____

_____

_____

* * * * * __/__/__ * * * * *

Today's
3 MOMENTS OF JOY

1. _____
_____
_____

2. _____
_____
_____

3. _____
_____
_____

* * * * * __/__/___ * * * * *

··· Today's *···*
3 MOMENTS OF JOY

1. _____
_____
_____

2. _____
_____
_____

3. _____
_____
_____

···· __/__/___ *····*

Today's
3 MOMENTS OF JOY

1. _____

_____

_____

2. _____

_____

_____

3. _____

_____

_____

* * * * * __ / __ / ___ * * * * *

***** *Today's* *****

3 MOMENTS OF JOY

1. _____

_____

_____

2. _____

_____

_____

3. _____

_____

_____

***** __/__/___ *****

Sinking
A
TRASH CAN
Free throw

* * * * Today's * * * *
3 MOMENTS OF JOY

1. _____

_____

_____

2. _____

_____

_____

3. _____

_____

_____

* * * * * __/__/___ * * * * *

***** *Today's* *****

3 MOMENTS OF JOY

1. _____

_____

_____

2. _____

_____

_____

3. _____

_____

_____

***** __/__/___ *****

***** Today's *****

3 MOMENTS OF JOY

1. _____

_____

_____

2. _____

_____

_____

3. _____

_____

_____

***** __/__/___ *****

・・・・ Today's ・・・・

3 MOMENTS OF JOY

1. _____

_____

_____

2. _____

_____

_____

3. _____

_____

_____

＊＊＊＊＊ __ / __ / ___ ＊＊＊＊＊

***** *Today's* *****

3 MOMENTS OF JOY

1. _____

_____

_____

2. _____

_____

_____

3. _____

_____

_____

***** __/__/___ *****

HAILING A CAB AS SOON AS You STEP outside

Today's

3 MOMENTS OF JOY

1. _____

_____

_____

2. _____

_____

_____

3. _____

_____

_____

* * * * * __ / __ / __ * * * * *

* * * * * *Today's* * * * * *

3 MOMENTS OF JOY

1. _____

_____

_____

2. _____

_____

_____

3. _____

_____

_____

* * * * * __ / __ / __ * * * * *

Today's
3 MOMENTS OF JOY

1. _____

_____

_____

2. _____

_____

_____

3. _____

_____

_____

_ / _ / ___

***** *Today's* *****

3 MOMENTS OF JOY

1. _____

_____

_____

2. _____

_____

_____

3. _____

_____

_____

***** __/__/__ *****

Today's

3 MOMENTS OF JOY

1. _____

_____

_____

2. _____

_____

_____

3. _____

_____

_____

* * * * * __/__/___ * * * * *

Today's
3 MOMENTS OF JOY

1. _____

_____

_____

2. _____

_____

_____

3. _____

_____

_____

* * * * * __ / __ / ___ * * * *

WHEN YOUR

Jam

COMES ON

AT THE

Gym

10 SONGS
That Pump Me Up

1. _____
2. _____
3. _____
4. _____
5. _____
6. _____
7. _____
8. _____
9. _____
10. _____

***** *Today's* *****
# 3 MOMENTS OF JOY

1._____

_____

_____

2._____

_____

_____

3._____

_____

_____

***** __/__/__ *****

* * * * *Today's* * * * *
3 MOMENTS OF JOY

1. _____

_____

_____

2. _____

_____

_____

3. _____

_____

_____

* * * * * __/__/__ * * * *

* * * * * *Today's* * * * *

3 MOMENTS OF JOY

1. _____

_____

_____

2. _____

_____

_____

3. _____

_____

_____

* * * * * _ / _ / _ * * * * *

*•••• *Today's* •••••*

3 MOMENTS OF JOY

1. _____
   _____
   _____

2. _____
   _____
   _____

3. _____
   _____
   _____

***** _ / _ / ___ *****

***** *Today's* *****

3 MOMENTS OF JOY

1. _____

_____

_____

2. _____

_____

_____

3. _____

_____

_____

***** __ / __ / __ *****

···· *Today's* ····

3 MOMENTS OF JOY

1. _____

_____

_____

2. _____

_____

_____

3. _____

_____

_____

* * * * * __/__/__ * * * *

***** *Today's* *****

3 MOMENTS OF JOY

1. _____

_____

_____

2. _____

_____

_____

3. _____

_____

_____

***** __ / __ / __ *****

RECEIVING

Letters & Cards

BY SNAIL MAIL

***** _Today's_ *****

3 MOMENTS OF JOY

1. _____

   _____

   _____

2. _____

   _____

   _____

3. _____

   _____

   _____

***** __/__/__ *****

··* _Today's_ *·*·*
3 MOMENTS OF JOY

1. _____

_____

_____

2. _____

_____

_____

3. _____

_____

_____

* * * * * __/__/__ * * * *

***** *Today's* *****

3 MOMENTS OF JOY

1. _____
_____
_____

2. _____
_____
_____

3. _____
_____
_____

***** _ / _ / _ *****

***** *Today's* *****

3 MOMENTS OF JOY

1. _____

_____

_____

2. _____

_____

_____

3. _____

_____

_____

***** ___/___/___ *****

***** *Today's* *****

3 MOMENTS OF JOY

1. _____

_____

_____

2. _____

_____

_____

3. _____

_____

_____

***** __/__/___ *****

When your friend

CALLS YOU

FIRST

with big news

✱ ✱ ✱ ✱ ✱ *Today's* ✱ ✱ ✱ ✱ ✱

3 MOMENTS OF JOY

1. _____

_____

_____

2. _____

_____

_____

3. _____

_____

_____

✱ ✱ ✱ ✱ ✱ __ / __ / ___ ✱ ✱ ✱ ✱ ✱

*•••• Today's *•••*
3 MOMENTS OF JOY

1. _____

_____

_____

2. _____

_____

_____

3. _____

_____

_____

••••• __/__/__ *•••••*

···· Today's *····*
3 MOMENTS OF JOY

1. _____

_____

_____

2. _____

_____

_____

3. _____

_____

_____

····· __/__/___ *·····*

✳ ✳ ✳ ✳ *Today's* ✳ ✳ ✳ ✳
3 MOMENTS OF JOY

1. _____

_____

_____

2. _____

_____

_____

3. _____

_____

_____

✳ ✳ ✳ ✳ ✳ __ / __ / __ ✳ ✳ ✳ ✳ ✳

* * * * Today's * * * *
3 MOMENTS OF JOY

1. _____

_____

_____

2. _____

_____

_____

3. _____

_____

_____

* * * * * __ / __ / ___ * * * * *

•••• Today's ••••
3 MOMENTS OF JOY

1. _____

_____

_____

2. _____

_____

_____

3. _____

_____

_____

•••• __ / __ / ____ ••••

• • • • Today's *• • • •*
3 MOMENTS OF JOY

1. _____

_____

_____

2. _____

_____

_____

3. _____

_____

_____

✳ ✳ ✳ ✳ ✳ __/__/___ *✳ ✳ ✳ ✳*

Tearing off WRAPPING PAPER

Today's
3 MOMENTS OF JOY

1. _____

_____

_____

2. _____

_____

_____

3. _____

_____

_____

* * * * * __/__/___ * * * * *

Today's
3 MOMENTS OF JOY

1. _____

_____

_____

2. _____

_____

_____

3. _____

_____

_____

* * * * * __ / __ / ___ * * * *

•• Today's *•*•
3 MOMENTS OF JOY

1. _____

_____

_____

2. _____

_____

_____

3. _____

_____

_____

••*•* __ / __ / __ *•*•*•*

Today's
3 MOMENTS OF JOY

1. _____

_____

_____

2. _____

_____

_____

3. _____

_____

_____

__ /__ /__

***** *Today's* *****

3 MOMENTS OF JOY

1. _____

_____

_____

2. _____

_____

_____

3. _____

_____

_____

***** __/__/___ *****

Sleeping In!

***** Today's *****

3 MOMENTS OF JOY

1. _____
_____
_____

2. _____
_____
_____

3. _____
_____
_____

***** _ / _ / __ *****

* * * * Today's * * * *
3 MOMENTS OF JOY

1. _____

_____

_____

2. _____

_____

_____

3. _____

_____

_____

* * * * * _ / _ / _ * * * * *

***** *Today's* *****

3 MOMENTS OF JOY

1. _____
_____
_____

2. _____
_____
_____

3. _____
_____
_____

***** __/__/___ *****

* * * * * *Today's* * * * *
3 MOMENTS OF JOY

1. _____

_____

_____

2. _____

_____

_____

3. _____

_____

_____

* * * * * __ / __ / ___ * * * *

* * * * * *Today's* * * * *

3 MOMENTS OF JOY

1. _____

_____

_____

2. _____

_____

_____

3. _____

_____

_____

* * * * * __ / __ / ___ * * * *

* * * * *Today's* * * * *
3 MOMENTS OF JOY

1. _____
_____
_____

2. _____
_____
_____

3. _____
_____
_____

* * * * * __ / __ / __ * * * * *

10 Tasty Things

THAT MAKE ME INSTANTLY HAPPY

1. _____
2. _____
3. _____
4. _____
5. _____
6. _____
7. _____
8. _____
9. _____
10. _____

HAVING Leftover PIZZA for BREAKFAST

*** *** Today's *** ***

3 MOMENTS OF JOY

1. _____

_____

_____

2. _____

_____

_____

3. _____

_____

_____

***** __/__/__ *****

Today's
3 MOMENTS OF JOY

1. _____
_____
_____

2. _____
_____
_____

3. _____
_____
_____

* * * * * __ / __ / ___ * * * * *

Today's
3 MOMENTS OF JOY

1. _____
_____
_____

2. _____
_____
_____

3. _____
_____
_____

* * * * * __/__/___ * * * * *

* * * * *Today's* * * * *

3 MOMENTS OF JOY

1. _____

_____

_____

2. _____

_____

_____

3. _____

_____

_____

* * * * * __ / __ / ___ * * * * *

***** *Today's* *****

3 MOMENTS OF JOY

1. _____

_____

_____

2. _____

_____

_____

3. _____

_____

_____

***** __/__/___ *****

• • • *Today's* *• • •*
3 MOMENTS OF JOY

1. _____

_____

_____

2. _____

_____

_____

3. _____

_____

_____

* * * * * __ / __ / ___ * * * *

***** *Today's* *****
# 3 MOMENTS OF JOY

1. _____

_____

_____

2. _____

_____

_____

3. _____

_____

_____

***** __/__/___ *****

RECEIVING A *Compliment* FROM A **TOTAL STRANGER**

· · · · * *Today's* * · · · ·

3 MOMENTS OF JOY

1. _____

_____

_____

2. _____

_____

_____

3. _____

_____

_____

* * * * * __/__/__ * * * * *

···· *Today's* ····

3 MOMENTS OF JOY

1. _____

_____

_____

2. _____

_____

_____

3. _____

_____

_____

***** __ / __ / ___ *****

··· Today's *···*
3 MOMENTS OF JOY

1. _____

_____

_____

2. _____

_____

_____

3. _____

_____

_____

* * * * * __/__/___ * * * * *

* * * * * *Today's* * * * * *

3 MOMENTS OF JOY

1. _____

_____

_____

2. _____

_____

_____

3. _____

_____

_____

* * * * * __ / __ / ___ * * * * *

***** *Today's* *****
# 3 MOMENTS OF JOY

1. _____

_____

_____

2. _____

_____

_____

3. _____

_____

_____

***** __ / __ / ___ *****

WHEN YOUR

Blowout

LASTS

**** FOR ****

DAYS

* * * * Today's * * * *

3 MOMENTS OF JOY

1. _____

_____

_____

2. _____

_____

_____

3. _____

_____

_____

* * * * * __ / __ / __ * * * * *

* * * * * *Today's* * * * * *

3 MOMENTS OF JOY

1. _____

_____

_____

2. _____

_____

_____

3. _____

_____

_____

* * * * * __/__/___ * * * * *

••• Today's *•••*
3 MOMENTS OF JOY

1. _____

_____

_____

2. _____

_____

_____

3. _____

_____

_____

***** __/__/__ *****

* * * * *Today's* * * * *
3 MOMENTS OF JOY

1. _____

_____

_____

2. _____

_____

_____

3. _____

_____

_____

* * * * * ___/___/___ * * * *

・・* Today's *・*・*

3 MOMENTS OF JOY

1. _____

_____

_____

2. _____

_____

_____

3. _____

_____

_____

* * * * * __/__/__ * * * *

••* Today's *•*•*
3 MOMENTS OF JOY

1. _____

_____

_____

2. _____

_____

_____

3. _____

_____

_____

* * * * * __ / __ / __ * * * *

***** Today's *****

3 MOMENTS OF JOY

1. _____

_____

_____

2. _____

_____

_____

3. _____

_____

_____

***** __/__/___ *****

HAVING THE PLACE

All to

Yourself

for the

WEEKEND

***** *Today's* *****

3 MOMENTS OF JOY

1. _____
_____
_____

2. _____
_____
_____

3. _____
_____
_____

***** __/__/___ *****

Today's
3 MOMENTS OF JOY

1. _____

_____

_____

2. _____

_____

_____

3. _____

_____

_____

__ / __ / __

***** *Today's* *****

3 MOMENTS OF JOY

1. _____

_____

_____

2. _____

_____

_____

3. _____

_____

_____

******* __ / __ / ___ *****

* * * * * *Today's* * * * *

3 MOMENTS OF JOY

1. _____

_____

_____

2. _____

_____

_____

3. _____

_____

_____

* * * * * _ _ / _ _ / _ _ _ * * * * *

* * * * *Today's* ** * * **

3 MOMENTS OF JOY

1. _____

_____

_____

2. _____

_____

_____

3. _____

_____

_____

* * * * * __ / __ / __ ** * * **

WHEN *Guacamole* DOESN'T COST EXTRA

***** *Today's* *****

3 MOMENTS OF JOY

1. _____

_____

_____

2. _____

_____

_____

3. _____

_____

_____

***** __/__/___ *****

Today's
3 MOMENTS OF JOY

1. _____

_____

_____

2. _____

_____

_____

3. _____

_____

_____

* * * * * __ / __ / __ * * * * *

Today's
3 MOMENTS OF JOY

1. _____

_____

_____

2. _____

_____

_____

3. _____

_____

_____

__ / __ / __

***** *Today's* *****

3 MOMENTS OF JOY

1. _____

_____

_____

2. _____

_____

_____

3. _____

_____

_____

***** __/__/___ *****

✳ ✳ ✳ ✳ *Today's* ✳ ✳ ✳ ✳
3 MOMENTS OF JOY

1. _____

_____

_____

2. _____

_____

_____

3. _____

_____

_____

✳ ✳ ✳ ✳ ✳ __ / __ / __ ✳ ✳ ✳ ✳ ✳

✳ ✳ ✳ ✳ *Today's* ✳ ✳ ✳ ✳
3 MOMENTS OF JOY

1. _____

_____

_____

2. _____

_____

_____

3. _____

_____

_____

✳ ✳ ✳ ✳ ✳ __ / __ / __ ✳ ✳ ✳ ✳

ACTUALLY GETTING 8 Hours OF SLEEP

❖ 10 THINGS ❖
That Restore My Sanity

1. _____

2. _____

3. _____

4. _____

5. _____

6. _____

7. _____

8. _____

9. _____

10. _____

····· *Today's* ·····

3 MOMENTS OF JOY

1. _____

_____

_____

2. _____

_____

_____

3. _____

_____

_____

* * * * * __ / __ / __ * * * * *

• •• Today's •• •
3 MOMENTS OF JOY

1. _____

_____

_____

2. _____

_____

_____

3. _____

_____

_____

* * * * * __/__/___ * * * * *

***** *Today's* *****
# 3 MOMENTS OF JOY

1. _____

_____

_____

2. _____

_____

_____

3. _____

_____

_____

***** __ / __ / ___ *****

* * * * * *Today's* * * * * *

3 MOMENTS OF JOY

1. _____

_____

_____

2. _____

_____

_____

3. _____

_____

_____

* * * * * __ / __ / ___ * * * *

···· *Today's* ····

3 MOMENTS OF JOY

1. _____

_____

_____

2. _____

_____

_____

3. _____

_____

_____

✽ ✽ ✽ ✽ ✽ __ / __ / ___ ✽ ✽ ✽ ✽ ✽

···· *Today's* ····

3 MOMENTS OF JOY

1. _____

_____

_____

2. _____

_____

_____

3. _____

_____

_____

***** _ / _ / ___ *****

··* Today's *·*·*
3 MOMENTS OF JOY

1. _____

_____

_____

2. _____

_____

_____

3. _____

_____

_____

* * * * * _ / _ / _ * * * * *

FIRING the PERFECT Comeback

····· *Today's* ·····

3 MOMENTS OF JOY

1. _____
_____
_____

2. _____
_____
_____

3. _____
_____
_____

***** __/__/__ *****

···· Today's ····

3 MOMENTS OF JOY

1. _____

_____

_____

2. _____

_____

_____

3. _____

_____

_____

***** __ / __ / __ *****

···· *Today's* ····
3 MOMENTS OF JOY

1. _____

_____

_____

2. _____

_____

_____

3. _____

_____

_____

***** __/__/__ *****

* * * * * *Today's* * * * * *

3 MOMENTS OF JOY

1. _____
_____
_____

2. _____
_____
_____

3. _____
_____
_____

* * * * * __ / __ / ___ * * * * *

✴ ✴ ✴ ✴ *Today's* ✴ ✴ ✴ ✴
3 MOMENTS OF JOY

1. _____

_____

_____

2. _____

_____

_____

3. _____

_____

_____

✴ ✴ ✴ ✴ ✴ __ / __ / __ ✴ ✴ ✴ ✴ ✴

READING A BOOK IN THE BATH

***** *Today's* *****

3 MOMENTS OF JOY

1. _____

_____

_____

2. _____

_____

_____

3. _____

_____

_____

❋ ❋ ❋ ❋ ❋ __ / __ / __ ❋ ❋ ❋ ❋ ❋

* * * * * *Today's* * * * * *
3 MOMENTS OF JOY

1. _____
_____
_____

2. _____
_____
_____

3. _____
_____
_____

* * * * * __ / __ / ___ * * * * *

* * * * * **Today's** * * * *

3 MOMENTS OF JOY

1. _____

_____

_____

2. _____

_____

_____

3. _____

_____

_____

* * * * * __ / __ / ___ * * * * *

* * * * * *Today's* * * * * *
3 MOMENTS OF JOY

1. _____

_____

_____

2. _____

_____

_____

3. _____

_____

_____

* * * * * __ / __ / ___ * * * * *

***** *Today's* *****

3 MOMENTS OF JOY

1. _____

_____

_____

2. _____

_____

_____

3. _____

_____

_____

***** _ / _ / _ *****

···· *Today's* ····

3 MOMENTS OF JOY

1. _____

_____

_____

2. _____

_____

_____

3. _____

_____

_____

* * * * * __/__/___ * * * * *

***** *Today's* *****

3 MOMENTS OF JOY

1. _____
_____
_____

2. _____
_____
_____

3. _____
_____
_____

***** __ / __ / ___ *****

REALIZING IT'S

Friday

WHEN YOU THOUGHT IT WAS

Thursday

•••• Today's ••••
3 MOMENTS OF JOY

1. _____

_____

_____

2. _____

_____

_____

3. _____

_____

_____

•••• _ /_ /___ *••••*

••• Today's *•••*
3 MOMENTS OF JOY

1. _____

_____

_____

2. _____

_____

_____

3. _____

_____

_____

••• __/__/___ *•••*

***** *Today's* *****
# 3 MOMENTS OF JOY

1. _____
   _____
   _____

2. _____
   _____
   _____

3. _____
   _____
   _____

***** __/__/___ *****

··* *Today's* *·*·*
3 MOMENTS OF JOY

1. _____

_____

_____

2. _____

_____

_____

3. _____

_____

_____

* * * * * __ / __ / ___ * * * *

* * * * * *Today's* * * * *

3 MOMENTS OF JOY

1. _____

_____

_____

2. _____

_____

_____

3. _____

_____

_____

* * * * * __ / __ / ___ * * * * *

WHEN THE
BARTENDER
Buys
YOU
A Drink

***** Today's *****

3 MOMENTS OF JOY

1. _____

_____

_____

2. _____

_____

_____

3. _____

_____

_____

***** __/__/___ *****

❀ ❀ ❀ *Today's* ❀ ❀ ❀
3 MOMENTS OF JOY

1. _____

_____

_____

2. _____

_____

_____

3. _____

_____

_____

❀ ❀ ❀ ❀ ❀ ❀ __/__/___ ❀ ❀ ❀ ❀ ❀

***** *Today's* *****

3 MOMENTS OF JOY

1. _____

_____

_____

2. _____

_____

_____

3. _____

_____

_____

***** __/__/___ *****

* * * * * *Today's* * * * * *

3 MOMENTS OF JOY

1. _____

_____

_____

2. _____

_____

_____

3. _____

_____

_____

* * * * * * ___/___/___ * * * * * *

···· Today's *····*
3 MOMENTS OF JOY

1. _____

_____

_____

2. _____

_____

_____

3. _____

_____

_____

··*·*·*· __/__/___ ·*·*·*·*·*

**** *Today's* ****
# 3 MOMENTS OF JOY

1. _____

_____

_____

2. _____

_____

_____

3. _____

_____

_____

***** __ / __ / ___ *****

New
Shoes.
No
Blisters!

The
10 BEST THINGS
I Ever Bought

1. _____
2. _____
3. _____
4. _____
5. _____
6. _____
7. _____
8. _____
9. _____
10. _____

***** *Today's* *****
# 3 MOMENTS OF JOY

1. _____

_____

_____

2. _____

_____

_____

3. _____

_____

_____

***** __ / __ / ___ *****

****** Today's ******
3 MOMENTS OF JOY

1. _____

_____

_____

2. _____

_____

_____

3. _____

_____

_____

***** __/__/___ *******

* * * * * Today's * * * * *

3 MOMENTS OF JOY

1. _____

_____

_____

2. _____

_____

_____

3. _____

_____

_____

* * * * * __/__/___ * * * * *

*· · · · Today's *· · · ·
3 MOMENTS OF JOY

1. _____

_____

_____

2. _____

_____

_____

3. _____

_____

_____

* * * * * __ / __ / ___ * * * * *

***** Today's *****
# 3 MOMENTS OF JOY

1. _____

_____

_____

2. _____

_____

_____

3. _____

_____

_____

***** __ / __ / ___ *****

***** *Today's* *****
# 3 MOMENTS OF JOY

1. _____
_____
_____

2. _____
_____
_____

3. _____
_____
_____

***** __/__/___ *****

···· *Today's* ····
3 MOMENTS OF JOY

1. _____

_____

_____

2. _____

_____

_____

3. _____

_____

_____

* * * * * __/__/___ * * * *

WHEN SOMEONE *CANCELS* PLANS * * * that you were * * * DREADING *Anyway*

• • • • Today's *• • • •*
3 MOMENTS OF JOY

1. _____

_____

_____

2. _____

_____

_____

3. _____

_____

_____

• • • • • __ / __ / ___ *• • • • •*

* * * * * *Today's* * * * *

3 MOMENTS OF JOY

1. _____

_____

_____

2. _____

_____

_____

3. _____

_____

_____

* * * * * _ / _ / ___ * * * *

* * * * *Today's* * * * *

3 MOMENTS OF JOY

1. _____

_____

_____

2. _____

_____

_____

3. _____

_____

_____

* * * * * __/__/___ * * * * *

···· *Today's* ····

3 MOMENTS OF JOY

1. _____

_____

_____

2. _____

_____

_____

3. _____

_____

_____

***** __/__/___ *****

* * * * * *Today's* * * * * *

3 MOMENTS OF JOY

1. _____

_____

_____

2. _____

_____

_____

3. _____

_____

_____

* * * * * * __/__/__ * * * * *

MAKING IT TO

Happy Hour

WITH 5 MINUTES TO SPARE

• • • • *Today's* • • • •
3 MOMENTS OF JOY

1. _____
   _____
   _____

2. _____
   _____
   _____

3. _____
   _____
   _____

* * * * * __/__/___ * * * * *

* * * * *Today's* * * * *
3 MOMENTS OF JOY

1. _____

_____

_____

2. _____

_____

_____

3. _____

_____

_____

* * * * * __/__/__ * * * * *

···· Today's *····*
3 MOMENTS OF JOY

1. _____

_____

_____

2. _____

_____

_____

3. _____

_____

_____

***** _/_/_ *****

* * * * * *Today's* * * * * *

3 MOMENTS OF JOY

1. _____

_____

_____

2. _____

_____

_____

3. _____

_____

_____

* * * * * __ / __ / ___ * * * * *

* * * * * *Today's* * * * * *

3 MOMENTS OF JOY

1. _____

_____

_____

2. _____

_____

_____

3. _____

_____

_____

* * * * * __ / __ / ___ * * * * *

* * * * *Today's* * * * *

3 MOMENTS OF JOY

1. _____

_____

_____

2. _____

_____

_____

3. _____

_____

_____

* * * * * __/__/__ * * * * *

···· *Today's* ····

3 MOMENTS OF JOY

1. _____

_____

_____

2. _____

_____

_____

3. _____

_____

_____

* * * * * __ / __ / ___ * * * * *

FINDING $20 IN YOUR POCKET

* * * * * _Today's_ * * * * *
3 MOMENTS OF JOY

1. _____

_____

_____

2. _____

_____

_____

3. _____

_____

_____

* * * * * __ / __ / ___ * * * * *

···· Today's ····

3 MOMENTS OF JOY

1. _____

_____

_____

2. _____

_____

_____

3. _____

_____

_____

····· _ / _ / _ _ ·····

···· *Today's* ····

3 MOMENTS OF JOY

1. _____

_____

_____

2. _____

_____

_____

3. _____

_____

_____

***** _ / _ / _ *****

Today's
3 MOMENTS OF JOY

1. _____

_____

_____

2. _____

_____

_____

3. _____

_____

_____

＊ ＊ ＊ ＊ ＊ __/__/___ ＊ ＊ ＊ ＊ ＊

***** *Today's* *****
3 MOMENTS OF JOY

1. _____

_____

_____

2. _____

_____

_____

3. _____

_____

_____

***** __/__/___ *****

BEING Exactly ON TIME

* * * * * *Today's* * * * * *

3 MOMENTS OF JOY

1. _____

_____

_____

2. _____

_____

_____

3. _____

_____

_____

* * * * * __ / __ / __ * * * * *

* * * * Today's * * * *
3 MOMENTS OF JOY

1. _____

_____

_____

2. _____

_____

_____

3. _____

_____

_____

* * * * * __/__/___ * * * *

***** Today's *****
3 MOMENTS OF JOY

1. _____

_____

_____

2. _____

_____

_____

3. _____

_____

_____

***** _ / _ / ___ *****

Today's
3 MOMENTS OF JOY

1. _____

_____

_____

2. _____

_____

_____

3. _____

_____

_____

* * * * * _ / _ / _ * * * * *

★★★★ *Today's* ★★★★
3 MOMENTS OF JOY

1. _____

_____

_____

2. _____

_____

_____

3. _____

_____

_____

★★★★★ __/__/___ ★★★★★

* * * * Today's * * * *
3 MOMENTS OF JOY

1. _____
_____
_____

2. _____
_____
_____

3. _____
_____
_____

* * * * * __/__/__ * * * *

Reaching into YOUR BAG & finding just what YOU NEED

10 ITEMS

THAT ARE *Always* IN MY BAG

❋ ❋ ❋ ❋ ❋ ❋ ❋ ❋ ❋ ❋ ❋ ❋ ❋

1. _____

2. _____

3. _____

4. _____

5. _____

6. _____

7. _____

8. _____

9. _____

10. _____

***** *Today's* *****

3 MOMENTS OF JOY

1. _____

_____

_____

2. _____

_____

_____

3. _____

_____

_____

***** __/__/___ *****

.... Today's ....
3 MOMENTS OF JOY

1. _____

_____

_____

2. _____

_____

_____

3. _____

_____

_____

***** __/__/__ *****

***** *Today's* *****

3 MOMENTS OF JOY

1. _____

_____

_____

2. _____

_____

_____

3. _____

_____

_____

****** __/__/__ *****

··*·* *Today's* *·*·*·*

3 MOMENTS OF JOY

1. _____
_____
_____

2. _____
_____
_____

3. _____
_____
_____

* * * * * * __/__/___ * * * * *

* * * * * *Today's* * * * *

3 MOMENTS OF JOY

1. _____

_____

_____

2. _____

_____

_____

3. _____

_____

_____

* * * * * * __ / __ / ___ * * * * *

＊＊＊ *Today's* *＊＊＊*

3 MOMENTS OF JOY

1. _____

_____

_____

2. _____

_____

_____

3. _____

_____

_____

＊＊＊＊ __/__/___ *＊＊＊＊*

✳ ✳ ✳ ✳ *Today's* ✳ ✳ ✳ ✳

3 MOMENTS OF JOY

1. _____

_____

_____

2. _____

_____

_____

3. _____

_____

_____

✳ ✳ ✳ ✳ ✳ __/__/__ ✳ ✳ ✳ ✳ ✳

Making -A- Birthday Wish

***** Today's *****

3 MOMENTS OF JOY

1. _____

_____

_____

2. _____

_____

_____

3. _____

_____

_____

***** _ / _ / _ *****

✳ ✳ ✳ ✳ *Today's* ✳ ✳ ✳ ✳
3 MOMENTS OF JOY

1. _____

_____

_____

2. _____

_____

_____

3. _____

_____

_____

✳ ✳ ✳ ✳ ✳ __/__/__ ✳ ✳ ✳ ✳

* * * * Today's * * * *

3 MOMENTS OF JOY

1. _____

_____

_____

2. _____

_____

_____

3. _____

_____

_____

* * * * * * __ / __ / ___ * * * * *

Today's
3 MOMENTS OF JOY

1. _____

_____

_____

2. _____

_____

_____

3. _____

_____

_____

* * * * * __ / __ / __ * * * *

***** *Today's* *****

3 MOMENTS OF JOY

1. _____

_____

_____

2. _____

_____

_____

3. _____

_____

_____

***** __ / __ / ___ *****

DAYLIGHT SAVINGS

TIME

ONE

EXTRA

HOUR

* * * * Today's * * * *
3 MOMENTS OF JOY

1. _____

_____

_____

2. _____

_____

_____

3. _____

_____

_____

* * * * * __ / __ / ___ * * * * *

···· Today's ····

3 MOMENTS OF JOY

1._____

_____

_____

2._____

_____

_____

3._____

_____

_____

***** __/__/___ *****

∗ ∗ ∗ ∗ *Today's* ∗ ∗ ∗ ∗
3 MOMENTS OF JOY

1. _____

_____

_____

2. _____

_____

_____

3. _____

_____

_____

∗ ∗ ∗ ∗ ∗ __/__/___ ∗ ∗ ∗ ∗ ∗

* * * * * *Today's* * * * *

3 MOMENTS OF JOY

1. _____

_____

_____

2. _____

_____

_____

3. _____

_____

_____

* * * * * _ / _ / _ * * * * *

···· *Today's* ····

3 MOMENTS OF JOY

1. _____

_____

_____

2. _____

_____

_____

3. _____

_____

_____

❋ ❋ ❋ ❋ ❋ __ / __ / ___ ❋ ❋ ❋ ❋ ❋

* * * * Today's * * * *

3 MOMENTS OF JOY

1. _____

_____

_____

2. _____

_____

_____

3. _____

_____

_____

* * * * * __/__/___ * * * * *

* * * * * *Today's* * * * * *

3 MOMENTS OF JOY

1. _____

_____

_____

2. _____

_____

_____

3. _____

_____

_____

* * * * * _ / _ / _ * * * *

Lasting *THE* WHOLE NIGHT *IN* Heels

Today's
3 MOMENTS OF JOY

1. _____

_____

_____

2. _____

_____

_____

3. _____

_____

_____

__ / __ / __

* * * * * *Today's* * * * *

3 MOMENTS OF JOY

1. _____

_____

_____

2. _____

_____

_____

3. _____

_____

_____

* * * * * __ / __ / __ * * * *

***** *Today's* *****

3 MOMENTS OF JOY

1. _____

_____

_____

2. _____

_____

_____

3. _____

_____

_____

***** __ / __ / __ *****

* * * * * *Today's* * * * *

3 MOMENTS OF JOY

1. _____

_____

_____

2. _____

_____

_____

3. _____

_____

_____

* * * * * __ / __ / __ * * * * *

***** *Today's* *****

3 MOMENTS OF JOY

1. _____

_____

_____

2. _____

_____

_____

3. _____

_____

_____

***** _ / _ / _ *****

PUTTING ON
SOCKS
FRESH FROM THE
DRYER

···· *Today's* ····

3 MOMENTS OF JOY

1. _____

_____

_____

2. _____

_____

_____

3. _____

_____

_____

***** __/__/__ *****

••••• *Today's* •••••

3 MOMENTS OF JOY

1. _____

_____

_____

2. _____

_____

_____

3. _____

_____

_____

✱ ✱ ✱ ✱ ✱ __/__/__ ✱ ✱ ✱ ✱ ✱

* * * * * *Today's* * * * * *
3 MOMENTS OF JOY

1. _____

_____

_____

2. _____

_____

_____

3. _____

_____

_____

* * * * * _ / _ / _ * * * * *

• • • • Today's • • • •
3 MOMENTS OF JOY

1. _____

_____

_____

2. _____

_____

_____

3. _____

_____

_____

* * * * * __/__/__ * * * * *

····· *Today's* ·····
3 MOMENTS OF JOY

1. _____

   _____

   _____

2. _____

   _____

   _____

3. _____

   _____

   _____

* * * * * __/__/___ * * * * *

* * * * Today's * * * *
3 MOMENTS OF JOY

1. _____

_____

_____

2. _____

_____

_____

3. _____

_____

_____

* * * * * __/__/___ * * * *

SITTING

NEXT TO AN

Empty

Seat

ON A

FLIGHT

****** THE ******

Top 10 Places

ON MY TRAVEL TO-DO LIST

1. _____
2. _____
3. _____
4. _____
5. _____
6. _____
7. _____
8. _____
9. _____
10. _____

✳ ✳ ✳ ✳ *Today's* ✳ ✳ ✳ ✳

3 MOMENTS OF JOY

1. _____

_____

_____

2. _____

_____

_____

3. _____

_____

_____

✳ ✳ ✳ ✳ ✳ __ / __ / __ ✳ ✳ ✳ ✳ ✳

*** *** *** *Today's* *** *** *** ***

3 MOMENTS OF JOY

1. _____

_____

_____

2. _____

_____

_____

3. _____

_____

_____

* * * * * __/__/__ * * * *

* * * * *Today's* * * * *

3 MOMENTS OF JOY

1. _____

_____

_____

2. _____

_____

_____

3. _____

_____

_____

* * * * * __/__/__ * * * * *

* * * * * *Today's* * * * * *
3 MOMENTS OF JOY

1. _____
_____
_____

2. _____
_____
_____

3. _____
_____
_____

* * * * * __ / __ / ___ * * * * *

··* *Today's* *·*·*
3 MOMENTS OF JOY

1. _____

_____

_____

2. _____

_____

_____

3. _____

_____

_____

* * * * * __/__/__ * * * *

···· Today's *····*
3 MOMENTS OF JOY

1. _____

_____

_____

2. _____

_____

_____

3. _____

_____

_____

···· __/__/___ *····*

···· *Today's* ····

3 MOMENTS OF JOY

1. _____

_____

_____

2. _____

_____

_____

3. _____

_____

_____

···· __/__/__ ····

Waking Up with Perfect Hair

***** *Today's* *****

3 MOMENTS OF JOY

1. _____

_____

_____

2. _____

_____

_____

3. _____

_____

_____

***** __/__/___ *****

✳ ✳ ✳ ✳ *Today's* ✳ ✳ ✳ ✳

3 MOMENTS OF JOY

1. _____

_____

_____

2. _____

_____

_____

3. _____

_____

_____

✳ ✳ ✳ ✳ ✳ ✳ __/__/__ ✳ ✳ ✳ ✳ ✳

***** *Today's* *****

3 MOMENTS OF JOY

1. _____

_____

_____

2. _____

_____

_____

3. _____

_____

_____

***** __/__/___ *****

Today's
3 MOMENTS OF JOY

1. _____

_____

_____

2. _____

_____

_____

3. _____

_____

_____

❋ ❋ ❋ ❋ ❋ __/__/__ ❋ ❋ ❋ ❋ ❋

***** $\mathcal{T}oday's$ *****
3 MOMENTS OF JOY

1. _____

_____

_____

2. _____

_____

_____

3. _____

_____

_____

***** __/__/___ *****

When the **VENDING MACHINE** Gives You **2 SNACKS** FOR THE **PRICE** OF 1

***** *Today's* *****

3 MOMENTS OF JOY

1. _____

_____

_____

2. _____

_____

_____

3. _____

_____

_____

***** __/__/___ *****

··· Today's *···*
3 MOMENTS OF JOY

1. _____

_____

_____

2. _____

_____

_____

3. _____

_____

_____

* * * * * __/__/__ * * * * *

••* *Today's* *•*•*

3 MOMENTS OF JOY

1. _____

   _____

   _____

2. _____

   _____

   _____

3. _____

   _____

   _____

* * * * * __/__/__ * * * * *

··· Today's *···*
3 MOMENTS OF JOY

1. _____

_____

_____

2. _____

_____

_____

3. _____

_____

_____

··· __/__/___ *···*

***** *Today's* *****

3 MOMENTS OF JOY

1. _____

_____

_____

2. _____

_____

_____

3. _____

_____

_____

***** _ / _ / _ *****

***** *Today's* *****
# 3 MOMENTS OF JOY

1. _____

_____

_____

2. _____

_____

_____

3. _____

_____

_____

***** __ / __ / ___ *****

* * * * * *Today's* * * * * *

3 MOMENTS OF JOY

1. _____

_____

_____

2. _____

_____

_____

3. _____

_____

_____

* * * * * __ / __ / ___ * * * * *

SNEAKING DRINKS INTO THE

✱✱✱✱✱✱✱✱✱

MOVIES

✱✱✱✱✱✱✱✱✱

INTO THE

⁕ ⁕ ⁕ ⁕ *Today's* ⁕ ⁕ ⁕ ⁕
3 MOMENTS OF JOY

1. _____

_____

_____

2. _____

_____

_____

3. _____

_____

_____

⁕ ⁕ ⁕ ⁕ ⁕ __ / __ / ___ ⁕ ⁕ ⁕ ⁕ ⁕

•••• Today's ••••

3 MOMENTS OF JOY

1. _____

_____

_____

2. _____

_____

_____

3. _____

_____

_____

•••• __ / __ / ___ ••••

···· *Today's* ····

3 MOMENTS OF JOY

1. _____

_____

_____

2. _____

_____

_____

3. _____

_____

_____

* * * * * __/__/___ * * * *

···· *Today's* ····

3 MOMENTS OF JOY

1. _____

_____

_____

2. _____

_____

_____

3. _____

_____

_____

✴ ✴ ✴ ✴ ✴ __/__/__ ✴ ✴ ✴ ✴ ✴

***** *Today's* *****

3 MOMENTS OF JOY

1. _____

_____

_____

2. _____

_____

_____

3. _____

_____

_____

***** __/__/___ *****

WHEN YOUR

Manicure

LASTS LONGER THAN

A WEEK

***** *Today's* *****

3 MOMENTS OF JOY

1. _____

_____

_____

2. _____

_____

_____

3. _____

_____

_____

***** __ / __ / ___ *****

***** *Today's* *****

3 MOMENTS OF JOY

1. _____

_____

_____

2. _____

_____

_____

3. _____

_____

_____

***** __ / __ / ___ *****

Today's
3 MOMENTS OF JOY

1. _____

_____

_____

2. _____

_____

_____

3. _____

_____

_____

* * * * * __/__/__ * * * * *

···· *Today's* ····
3 MOMENTS OF JOY

1. _____

_____

_____

2. _____

_____

_____

3. _____

_____

_____

* * * * * __/__/__ * * * * *

***** Today's ***** 3 MOMENTS OF JOY

1. _____

_____

_____

2. _____

_____

_____

3. _____

_____

_____

***** __/__/__ *****

Today's
3 MOMENTS OF JOY

1. _____

_____

_____

2. _____

_____

_____

3. _____

_____

_____

* * * * * _ / _ / _ * * * * *

BEING THE *First* IN LINE

10 THINGS

THAT ARE *Totally* WORTH *Waiting For*

1. _____

2. _____

3. _____

4. _____

5. _____

6. _____

7. _____

8. _____

9. _____

10. _____

····· *Today's* ·····

3 MOMENTS OF JOY

1. _____

_____

_____

2. _____

_____

_____

3. _____

_____

_____

***** __/__/__ *****

···· Today's *····*
3 MOMENTS OF JOY

1. _____

_____

_____

2. _____

_____

_____

3. _____

_____

_____

* * * * * __/__/___ * * * * *

* * * * Today's * * * *

3 MOMENTS OF JOY

1. _____

_____

_____

2. _____

_____

_____

3. _____

_____

_____

* * * * * __ / __ / ___ * * * * *

***** Today's *****

3 MOMENTS OF JOY

1. _____

_____

_____

2. _____

_____

_____

3. _____

_____

_____

***** __/__/___ *****

· · · · *Today's* *· · · ·*

3 MOMENTS OF JOY

1. _____

_____

_____

2. _____

_____

_____

3. _____

_____

_____

· · · · · __/__/___ *· · · · ·*

···· *Today's* ····
3 MOMENTS OF JOY

1. _____

_____

_____

2. _____

_____

_____

3. _____

_____

_____

✳ ✳ ✳ ✳ ✳ __/__/__ ✳ ✳ ✳ ✳ ✳

••* *Today's* *•*•*

3 MOMENTS OF JOY

1. _____

_____

_____

2. _____

_____

_____

3. _____

_____

_____

* * * * * __ / __ / ___ * * * *

Getting a

TABLE

right away at your

FAVORITE

Restaurant

• *•* *•* Today's *•* *•* *•* *•*
3 MOMENTS OF JOY

1. _____

_____

_____

2. _____

_____

_____

3. _____

_____

_____

• *•* *•* *•* *•* __ / __ / ___ *•* *•* *•* *•*

··· Today's *···*

3 MOMENTS OF JOY

1. _____

_____

_____

2. _____

_____

_____

3. _____

_____

_____

··· __/__/___ *···*

··· Today's *···*
3 MOMENTS OF JOY

1. _____

_____

_____

2. _____

_____

_____

3. _____

_____

_____

··· __/__/__ *···*

* * * * *Today's* * * * *

3 MOMENTS OF JOY

1. _____

_____

_____

2. _____

_____

_____

3. _____

_____

_____

* * * * * __ / __ / ___ * * * * *

***** *Today's* *****

3 MOMENTS OF JOY

1. _____

_____

_____

2. _____

_____

_____

3. _____

_____

_____

***** __/__/__ *****

PUNCH CARD

FULL

- COFFEE -

FREE!

✴ ✴ ✴ ✴ ✴ *Today's* ✴ ✴ ✴ ✴ ✴

3 MOMENTS OF JOY

1. _____

_____

_____

2. _____

_____

_____

3. _____

_____

_____

✴ ✴ ✴ ✴ ✴ ✴ __ / __ / ___ ✴ ✴ ✴ ✴ ✴

· · · · · *Today's* · · · ·

3 MOMENTS OF JOY

1. _____

_____

_____

2. _____

_____

_____

3. _____

_____

_____

❋ ❋ ❋ ❋ ❋ ❋ __ / __ / ___ ❋ ❋ ❋ ❋ ❋

•••• *Today's* ••••

3 MOMENTS OF JOY

1. _____

_____

_____

2. _____

_____

_____

3. _____

_____

_____

❀❀❀❀❀ __ / __ / ___ ❀❀❀❀❀

Today's
3 MOMENTS OF JOY

1. _____

   _____

   _____

2. _____

   _____

   _____

3. _____

   _____

   _____

___/___/___

* * * * * *Today's* *** * * * ***

3 MOMENTS OF JOY

1. _____

_____

_____

2. _____

_____

_____

3. _____

_____

_____

* * * * * __ / __ / ___ *** * * * ***

• ✻ *Today's* ✻ *•* ✻
3 MOMENTS OF JOY

1. _____

_____

_____

2. _____

_____

_____

3. _____

_____

_____

✻ ✻ ✻ ✻ ✻ __/__/__ ✻ ✻ ✻ ✻ ✻

··*·* Today's *·*·*·*
3 MOMENTS OF JOY

1. _____

_____

_____

2. _____

_____

_____

3. _____

_____

_____

··*·* __/__/____ *·*·*·*

Making
EVERY
Green
Light

Today's
3 MOMENTS OF JOY

1. _____

_____

_____

2. _____

_____

_____

3. _____

_____

_____

* * * * * __/__/___ * * * *

··· Today's *···*
3 MOMENTS OF JOY

1. _____

_____

_____

2. _____

_____

_____

3. _____

_____

_____

***** __/__/___ *****

* * * * Today's * * * *

3 MOMENTS OF JOY

1. _____

_____

_____

2. _____

_____

_____

3. _____

_____

_____

* * * * * __/__/__ * * * * *

··* Today's *·*·*
3 MOMENTS OF JOY

1. _____

_____

_____

2. _____

_____

_____

3. _____

_____

_____

··*·* __ / __ / __ *·*·*·*

···· *Today's* ····
3 MOMENTS OF JOY

1. _____

_____

_____

2. _____

_____

_____

3. _____

_____

_____

* * * * * __ / __ / ___ * * * * *

Having Exact Change

* * * * *Today's* * * * *

3 MOMENTS OF JOY

1. _____

_____

_____

2. _____

_____

_____

3. _____

_____

_____

* * * * * __ / __ / __ * * * * *

··· Today's *···*
3 MOMENTS OF JOY

1._____

_____

_____

2._____

_____

_____

3._____

_____

_____

···· _/_/_ *····*

··* Today's *·*·*
3 MOMENTS OF JOY

1. _____

_____

_____

2. _____

_____

_____

3. _____

_____

_____

* * * * * __/__/___ * * * * *

* * * * Today's * * * *

3 MOMENTS OF JOY

1. _____

_____

_____

2. _____

_____

_____

3. _____

_____

_____

* * * * * __ / __ / ___ * * * * *

* * * * Today's * * * *

3 MOMENTS OF JOY

1. _____

_____

_____

2. _____

_____

_____

3. _____

_____

_____

* * * * * * __ / __ / ___ * * * * *

···· *Today's* ····
3 MOMENTS OF JOY

1. _____

_____

_____

2. _____

_____

_____

3. _____

_____

_____

* * * * * __/__/___ * * * *

****

REREADING
YOUR Favorite
BOOK

BEST BOOKS

1. _____

2. _____

3. _____

4. _____

5. _____

6. _____

7. _____

8. _____

9. _____

10. _____

···· *Today's* ····

3 MOMENTS OF JOY

1. _____

_____

_____

2. _____

_____

_____

3. _____

_____

_____

* * * * * __ / __ / ___ * * * * *

***** Today's *****

3 MOMENTS OF JOY

1. _____

_____

_____

2. _____

_____

_____

3. _____

_____

_____

***** __ / __ / __ *****

* * * * Today's * * * *

3 MOMENTS OF JOY

1. _____

_____

_____

2. _____

_____

_____

3. _____

_____

_____

* * * * * __/__/__ * * * * *

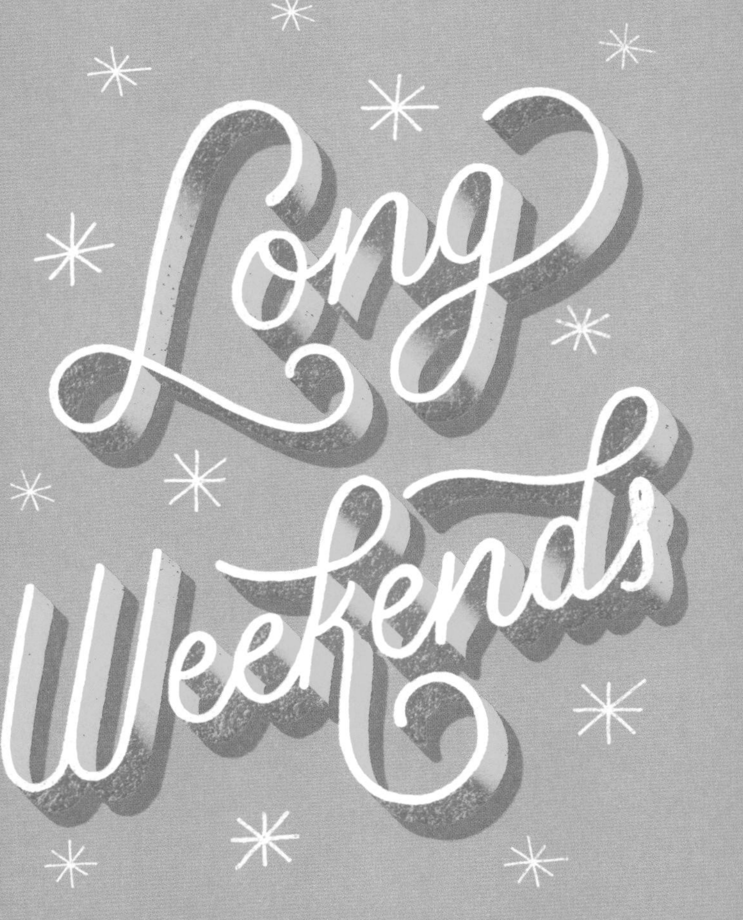
Long Weekends

Today's
3 MOMENTS OF JOY

1. _____

_____

_____

2. _____

_____

_____

3. _____

_____

_____

* * * * * * __ / __ / ___ * * * * *

••* *Today's* *•*•*•*
3 MOMENTS OF JOY

1. _____

_____

_____

2. _____

_____

_____

3. _____

_____

_____

••*•* __/__/___ *•*•*•*

Designer: Hana Anouk Nakamura

ISBN: 978-1-4197-2210-3

Printed and bound in China
10 9 8 7 6 5 4

Abrams Noterie products are available at special discounts
when purchased in quantity for premiums and promotions
as well as fundraising or educational use. Special editions
can also be created to specification. For details, contact
specialsales@abramsbooks.com or the address below.

ABRAMS The Art of Books
195 Broadway, New York, NY 10007
abramsbooks.com